LETTRE

A MONSIEUR

CAUCHOIS-LEMAIRE,

PAR GUSTAVE DROUINEAU.

Paris.

EUGÈNE RENDUEL, LIBRAIRE,

RUE DES GRANDS-AUGUSTINS, N. 22.

1830.

Mon cher collègue,

La révolution de juillet m'a surpris le cœur frappé d'une perte douloureuse ; j'avais dégoût de la vie ; je m'y suis rattaché, électrisé par cet admirable mouvement, car j'ai senti de quel prix elle est, puisqu'on peut la dépenser au profit d'une cause aussi grande, aussi sainte que celle de la liberté. Que ces jours furent beaux ! Le soleil qui nous brûlait près des barricades donnait de l'activité au sang ; on voyait se succéder tant de scènes grandes, jouées avec une simplicité si sublime ! il y avait de si nobles cœurs sous ces haillons troués par la misère et par les balles ! Nous portions la vie et le nom de Français avec orgueil; devant le Louvre, au sein des municipalités, rêvant de hautes destinées à la patrie, nous respirions l'espérance avec l'air, et cet air de feu se communiquait aux idées et entourait d'un éclat magique nos monumens décorés par la mitraille. Oh! alors que de dignité en nous! On s'inspirait du respect à soi-même.

Mais quand on vit, semblables aux sauterelles de l'Egypte, ces nuées de solliciteurs, parés de rubans tricolores, s'élancer de leurs hôtels ou du fond de leurs départemens, prendre d'assaut les antichambres, étonner les vieux huissiers par des bassesses inouies; quand on vit ces flétrisseurs de tout ce qui porte un caractère de grandeur et de majesté décrier, comme de mauvais ton et presque de mauvais exemple, le patriotisme agissant des hommes de juillet; quand on vit des bandages menteurs recouvrir une peau sans blessure; quand on entendit les mêmes juges qui avaient puni toute tendance à la liberté, jurer fidélité à cette même liberté en la personne de notre roi; quand de nouveaux sermens eurent été prononcés, quitte à devenir de nouveaux parjures, et que les restrictions eurent capitulé avec les consciences; alors on se sentit au sortir d'un beau rêve, mis en contact avec de hideuses réalités; on vit à nu toutes les plaies du corps social, on se regarda comme dégradé, et l'on tourna les yeux vers le roi qui résumait et personnifiait la révolution.

Le ministère Guizot fut un système de bonne foi sans doute; mais timide et contradictoire aux événemens, il devait être vaincu par eux; il le fut.

Et pourtant, mon cher collègue, jamais hésitations ne furent plus intempestives. Les puissances étrangères sont à nos portes, s'encourageant à la guerre, embarrassées de leurs peuples, mais jetant autour de nous un réseau de sbires militaires. Nous le briserons; nous sommes destinés à donner aux rois de la terre des enseignemens solennels et terribles; guidés par la victoire nous irons de villes en villes, de nations en nations, prêchant l'évangile de la liberté, lui convertissant les intelligences les plus prévenues, car « le drapeau » tricolore est un emblème de paix et d'ordre (1). » Il ne se présentera plus sur la terre étrangère » en ennemi pour annoncer des démembremens » d'état et la levée de contributions de guerre; il » y flottera comme un signe de délivrance, autour » duquel se rallieront les peuples pour conquérir » la liberté sur les gouvernemens. »

Voici, voici la guerre! préparons-nous-y. Ministres du roi, décidez-vous à crier aux armes, et

____

(1) Discours de M. Bignon, séance du 15 novembre 1830.

nos ateliers vont se changer en arsenaux; les mains qui polissaient l'acier et le façonnaient en brillantes et fantastiques bagatelles rendront éclatans les batteries et les tubes de nos fusils; le canon roulera sur des affûts neufs; au lieu de chapeaux élégans de bal, nous aurons des schakos, des aigrettes ondoyantes, des crins sanglans retombant sur le bleu sombre des habits de nos canonniers; casques et cuirasses, sabres, coqs aux ailes déployées sortiront de nos manufactures; et, quand l'ouvrage sera terminé, les ouvriers seront soldats; puis le salpêtre se transformera en poudre, et ira s'unir aux trésors que nous avons déjà préparés pour la mise en œuvre de la destruction; les cavaliers s'exerceront à ces charges terribles, dénouemens ordinaires de nos victoires; les élèves de l'École polytechnique et les vieux artilleurs d'Iéna, d'Austerlitz et de Friedland enseigneront comme on manœuvre et pointe une pièce, et nos enfans, témoins de ces préparatifs de guerre, se plaindront d'être trop petits, et imiteront pour l'avenir nos évolutions guerrières. L'activité puissante et créatrice du maréchal Soult vivifiera cette immense organisation; en peu de jours toute la France sera un camp, et un camp animé, enthousiaste, intelligent.

Au moral, nos ressources sont inépuisables : la voix du soldat de Jemmapes sera magique; quand elle parle de liberté et de notre bel avenir dans les salles du Palais-Royal, cette voix vibre à l'âme : que sera-ce donc un jour de bataille ? Mais le roi ne peut tout faire ; son ministère a des devoirs, et nous des droits. Il y aurait imprudence et décri général à violer des engagemens signés avec le sang du peuple dans nos journées, et c'est ici que commencent, mon cher collègue, mes fonctions de jeune citoyen publiciste.

Tout Français qui a médité sur les matières politiques, et qui porte au-dedans de soi des opinions consciencieuses, peut et doit les manifester, aujourd'hui plus que jamais. Distrait du théâtre par un drame bien autrement poétique et saisissant que nos modernes rajeunissemens du moyen-âge, échappant ainsi à ces ennuis qui, dans les coulisses, poursuivent toute imagination un peu vive, j'ai repris avec joie mes études de législation et d'économie politique. *Le Constitutionnel* m'a adopté, et me voici admis à être votre collègue. Mais vous avez combattu, vous, avec persévérance et talent, dans les jours difficiles ; vous vous y êtes enrichi d'estime publique et appauvri d'amendes prélevées sur le revenu de vos travaux ; on vous a fait les honneurs de la prison de Béranger et de Paul Courrier : alors la geôle de Sainte-Pélagie était le Panthéon de la presse politique : vous avez mérité d'être inscrit plusieurs fois au nombre de ces demi-dieux du patriotisme. La révolution de juillet vous a laissé tel qu'elle vous a pris, et votre seule récompense a été de vous être rendu utile. Il appartient en effet aux vrais citoyens de donner l'exemple d'un patriotique désintéressement.

Mon but, dans cette lettre, est de vous soumettre mon opinion sur la conduite que doit tenir le ministère en des circonstances aussi décisives ; et d'abord étudions le terrain sur lequel nous nous plaçons en nous rendant compte de la situation actuelle des esprits en France.

Il est aussi impossible à une génération de se soustraire à l'action de l'atmosphère morale des idées dominantes qu'à nos corps de n'être pas soumis aux variations de l'atmosphère physique : ceci n'est point contesté. Il en découle une conséquence rigoureuse selon moi, mais qui ne porte pas encore ce caractère d'évidence qui la classera parmi les vérités acquises : c'est que les générations successives, s'éclairant des fautes de celles qui les ont précédées, se perfectionnent, s'échelonnent, et montent ainsi, demi-siècle par demi-siècle, vers un mieux possible et sans limites. Les preuves alléguées par Condorcet en faveur de la perfectibilité indéfinie n'ont point encore assez fait de conquêtes : peut-être aussi ont-elles besoin d'être soutenues d'expériences et d'observations nouvelles.

L'influence des impressions de la jeunesse sur toute la vie est incontestable, et la somme d'idées que peut contenir une tête d'ordinaire organisation est à peu près connue ; de sorte que, si l'instruc-

tion était plus généralement répandue, il ne serait
besoin pour apprécier la force des partis que de
recourir aux statistiques : mais il n'en est pas ainsi,
il y a dans la société influence des intérêts froissés
d'une orgueilleuse aristocratie sur les intelligences
passives et ignorantes ; il est d'absurdes préjugés
qui sont axiomes dans bien des départemens. C'est
donc l'analyse philosophique qui doit suppléer à ce
que des chiffres avaient d'inexact. La carte de
M. Charles Dupin me paraît plus ingénieuse que
vraie ; toutes les nuances n'en sont point officielles
pour moi, quelques-unes mêmes me semblent un
peu officieuses.

Le vrai moyen de connaître la force des partis
est d'étudier ce que leurs opinions soulèvent d'intérêts, car les intérêts des hommes sont la mesure
ordinaire de leurs opinions.

Quels sont donc ces partis? Voyons : L'absolutisme a été vaincu par la révolution de 89, qui,
harcelée d'ennemis, a traversé l'anarchie pour se
fondre dans l'empire, vaincu lui-même par les idées
libérales ; notre lassitude de la gloire militaire, la
trahison et les baïonnettes étrangères nous ont
imposé deux fois la restauration, exilée enfin à Holyrood par la révolution de 1830. Mais ces opinions
détrônées se relèvent insensiblement, représentées
par des minorités inquiètes et sourdement turbu-
lentes. Quels sont leurs moyens ?... quels intérêts
mettent-elles en jeu?

L'absolutisme date du droit divin, et le droit divin des âges d'ignorance et de supertitions. Il fut
pastoral et paternel, puis militaire et féodalisé.
Sous Louis XIV il se civilisa et se grandit en mettant
le pied sur la tête des peuples vides de sang, épui-
sés d'impôts, flétris par les corvées, persécutés
dans leurs consciences religieuses. L'absolutisme
de Louis XV eut pour appui la Bastille, le livre
rouge, la vénalité des charges, une corruption
élégante, une impudeur à mots ingénieux, et les
orgies plus ou moins voilées des petits soupers.
Ces manières distinguées, ces mœurs corrigées il
est vrai par l'influence de notre siècle, et sous-amen-
dées par le jésuitisme, sont enfin descendues en
ligne directe dans le noble faubourg Saint-Germain.
Il boude Paris maintenant et parodie l'émigration
en se réfugiant à la campagne, où les douairières,
les blanches et belles comtesses, les fashionnables
de la diplomatie s'imaginent que leur absence est
une mesure de haute politique. Il n'y aurait que du
ridicule dans ce dépit d'enfant à qui l'on ôte ses
hochets, si ces conspirateurs n'avaient pas des com-
mis-voyageurs dans toutes les cours de l'Europe,
s'ils ne comptaient pas pour auxiliaires les nobles
de la Vendée et des départemens du midi. C'est dans
le midi surtout que leur influence est plus réelle;
leur sanglant et dédaigneux égoïsme n'y est pas encore connu. Néanmoins, vaincu dans nos grandes
journées, ce parti si lâche quand la mitraille et les

pavés écrasaient ses satellites, serait bien peu redoutable s'il ne s'appuyait sur le clergé.

Et ici je m'arrête mesurant de l'œil ce puissant ennemi de la liberté, d'autant plus à craindre qu'il est souple à feindre toutes les allures, habile à imiter tous les langages, à revêtir toutes les couleurs; qu'il a presque toujours condamné nos victoires à s'appuyer sur lui, et qu'il sait prendre dans le ciel des prétextes à colorer tous les crimes qu'on a commis en son nom sur la terre; ennemi insaisissable, car, opiniâtre qu'il est à s'attacher aux intérêts temporels, il se place hors de vos atteintes et crie à la persécution quand vous lui demandez l'exécution des lois.

La religion est un pont mystique jeté entre le monde et le ciel; c'est l'arche d'alliance terrestre, c'est l'union de nos misères et de nos espérances, un hymne dont l'écho est au-dessus de la portée de nos organes, une langue de pleurs, de sanglots et d'élans échappés des âmes confiantes, et quelquefois de celles qui, sublimes, ont de ces regards, de ces perceptions qui traversent les sciences et vont mourir devant la majesté de Dieu. La religion, mon cher collègue, a été le besoin le plus actif de ma jeunesse; je l'ai méditée dans mes promenades solitaires sur les grèves de l'Océan, je l'ai cherchée dans les livres avec désespoir, dans les discours d'un ami plus heureux et moins tourmenté que moi par son cœur; je l'ai cherchée dans les paroles de nos prêtres , je l'ai cherchée dans l'union des cœurs et dans un amour qui ne s'est brisé que sur les pierres de la tombe. J.-J. Rousseau , Pascal , le Génie du Christianisme à la main, j'ai mené une·vie contemplative qui répugnait aux fêtes et aux amusemens de mon âge; j'ai l'âme pieuse, et j'ai senti ma foi s'éteindre par degré!

Quelle fut ma surprise, en entrant dans le monde, de voir que la religion n'était qu'une arme contre la civilisation progressive, un prétexte à amasser des rubans et de l'or ! Comment se défendre de tiédeur, comment ne pas accueillir avec amertume et dégoût profond ces misérables profanations, ces encans de la prière, cette prostitution du culte divin aux choses de la terre! Le seul prêtre avec lequel j'aie pu sympatiser un peu (je ne le connais que par ses écrits) est M. de La Mennais : son éloquence m'impressionne ; mais en gémissant de l'indifférence religieuse du siècle, je gémissais sur la mienne qui allait croissant. Et qui accusais-je du cancer qui de nos jours ronge l'animisme ? les prêtres surtout, les prêtres qui, soit par leur dédain de nos progrès en intelligence, en industrialisme , soit par leur ténébreuse ambition, ont fait à la religion catholique des plaies que la lutte anime et rend incurables peut-être.

L'article de M. de La Mennais qui parut dans *l'Avenir*, sous le titre de *Séparation de l'Église et*

(13)

de l'État, m'a récemment frappé par l'utilité de
ses vues : mais l'exécution m'en sembla presque
impossible, quand je retombai de ces hauteurs
dans notre clergé ; puis je ne tardai pas à m'aper-
cevoir que ce journal n'était qu'un tocsin aposto-
lique sonné à coups prudens en faveur de l'absolutisme, et appelant enfin avec un scandaleux
éclat les populations aux armes.

« O jour heureux ! » se sont écrié les rédacteurs,
quand leur vint la citation de comparaître devant
le jury... Leur pensée intime se révèle ici ; ils ont
appelé la persécution, parce qu'elle fait leur force.
Que le ministère se garde donc bien, à la veille de
la guerre, de donner au clergé le moindre prétexte de se dire maltraité par les lois : les paroles
d'un prêtre ont la force et le tranchant de l'épée.

Non que je veuille que la justice ait deux ba-
lances, l'une civile, l'autre religieuse ; mais c'est
au jury, qui représente l'opinion, à se montrer
grave et réservé dans ses décisions.

Quel peut être le sujet de plaintes du clergé ?
La vie de ses ministres est-elle menacée ? a-t-on
entendu un seul cri : *A bas les prêtres !* proféré
par les vainqueurs de juillet ? Les églises ne sont-
elles pas ouvertes ? Ne reçoivent-ils pas leurs trai-
temens ? L'intention du gouvernement n'est-elle
pas d'augmenter ceux des humbles desservans et
des curés, en diminuant les pensions scandaleuses
des dignitaires enrichis de l'Eglise ?... Ah ! voilà le

grief ! La colère est soufflée de haut en bas ; le clergé inférieur la reçoit et la subit ; il est un instrument dont on se sert pour briser, et qu'on jettera là quand il sera inutile.

Voilà nos ennemis ! Ils ont, comme hommes, leurs consciences individuelles : mais ils n'ont pas le droit d'élever dans leurs églises une tribune spirituelle et menaçante contre notre tribune nationale et préservatrice. Prêtres, le sang que vous compromettez par vos résistances impies, vous en êtes responsables devant Dieu ; ce sang criera contre vous !

Ces ennemis signalés, je ne vois plus autour de moi que des amis, des constitutionnels ; mais, il faut bien l'avouer, je ne trouve pas en eux cette unité qui fait la force. Je sais qu'aux bruits de guerre qui grondent, ces diversités se rallient : au feu nous n'aurons qu'une opinion : mais il n'est pas inutile de chercher la cause de nos dissidences et les moyens de les calmer.

Vers la fin du dix-huitième siècle apparut madame de Staël ; elle avait un cœur brûlant de femme, une tête puissante d'homme et le don d'éloquence. Un dithyrambe varié, tantôt revêtu de formes fines et moqueuses, tantôt grandiose, pittoresque, étincelant d'images rapides et coloriées, de pensées fortes, découlait incessamment de ses lèvres. Elle goûtait peu les écrits secs et désenchanteurs des encyclopédistes, dont quelques-uns brillaient encore à la table de son pére; mais là dialectique passionnée de Rousseau avait des émotions à lui transmettre; éprise de l'Allemagne, de son génie métaphysique et rêveur, elle en teignit son style; et, quand la liberté fut vaincue au dix-huit brumaire, elle lui donna asile dans son salon. L'homme qui bravait l'Europe coalisée eut peur de l'influence d'une femme; il persécuta madame de Staël; et ses amis, qu'il crut flétrir du nom d'idéologues, furent des libéraux sous la restauration.

Poussant plus loin ses conquêtes intellectuelles, M. Royer-Collard, par un enseignement sérieux et plein de hautes pensées, attaqua le système de Condillac : la perception, son activité, son *moi*, triomphant de la sensation exclusive, révélèrent une théorie plus rationnelle, plus forte, plus vraie, plus conforme à la dignité de l'homme. Déjà M. Guizot, par des écrits profonds, avait, pour ainsi dire, appliqué cet immatérialisme à la politique; et ce qui était d'instinct dans les masses se trouva formulé en doctrines dans des livres savans.

Pendant les luttes de la restauration, les doctrinaires rendirent quelques services à la liberté; mais leur système fut absorbé par les événemens de juillet. Au lieu de suivre la marche imprimée aux idées, ils enrayèrent la révolution. Les progressifs les accusèrent à la tribune et dans les journaux de continuer la restauration, et les deux opinions sont encore en présence; mais le

triomphe des progressifs ne me paraît pas dou-
teux.

Je ne crains pas d'établir en principe que les
minorités progressivement intelligentes attirent
à elles les majorités compactes. Les idées constitutionnelles s'infiltrant dans la nation, les classes
éclairées s'agrandissant chaque année nécessitent
cette marche ascendante vers la recherche du
bien-être social. Nous sommes encore si loin
du but !

Qu'on ne s'effraie pas de cette progression
indéfinie ; il y a des intervalles, des temps de
repos entre les améliorations successives ; une
folle précipitation est aussi dangeureuse que l'i-
naction. Or, le système des doctrinaires est plus
que de l'inaction, c'est une réaction habilement
dissimulée.

Je sais que pour leur défense ils invoquent des
difficultés d'exécution ; la révolution a été si rapide,
si féerique, que les départemens ont été pris au
dépourvu. Mais était-ce une raison de caresser
toutes leurs craintes et de s'en faire des instru-
mens pour l'exploitation d'un système? Fallait-il
respecter les existences toutes faites? laisser les
carlistes dans les localités chancelantes? N'était-il
pas urgent au contraire de les contenir à l'aide
de magistrats fermes et dévoués à la révolution ?
A quoi bon ces théories intempestives et créa-
trices de discordes? Qui peut excuser une atti-

tude mâle vis-à-vis de l'étranger? Pourquoi avoir
perdu, à parler de paix, un temps qu'il eût fallu
employer à forger le fer et à fondre le boulet?
n'importe! l'énergie de la nation y suppléera.

Enhardis par la pusillanimité des doctrinaires,
les rois de l'Europe veulent, dit-on, invoquer
contre nous *leur dernière raison* : qu'ils l'osent; et
je crois en effet que ce sera bien la dernière.

Au reste, la manifestation des opinions devient
en France de plus en plus parlementaire. La dis-
cussion la plus animée ne doit pas exclure l'estime et le respect mutuels que se portent d'hono-
rables adversaires. Ce fut une séance mémorable
que celle où deux hommes d'un rare talent,
MM. Guizot et Odilon-Barrot, mirent en présence
ces deux sytèmes : l'un jugé et déjà réduit à se
justifier, l'autre qui viendra un jour s'essayer au
pouvoir. Et quand M. Odilon-Barrot, combattant
d'injustes méfiances, eut dit (1): « La république
» est là où la loi est souveraine, où le gouverne-
» ment est établi dans l'intérêt de tous, et où tous
» concourent, dans une proportion déterminée
» par la loi, à la loi elle-même », l'honorable
M. Audry de Puiraveau se leva et s'écria d'une
voix forte : « Voilà comme nous entendons tous
» la république! » et il fut l'interprète avoué des
progressifs.

____

(1) Séance du 9 novembre 1830.

Nous ne devons pas plus craindre le retour des idées de 93 que les partisans du duc de Reichtadt. Qui voudrait, en France, de l'anarchie républicaine et de la tutelle de l'Autriche? La lettre de M. Joseph Bonaparte a donc été le non sens d'un homme d'étroites capacités qui a un réveil d'ambition secondaire. Dans le sein de sa mère Napoléon avait épuisé toutes les facultés de sa famille.

Il résulte de ces idées, que nous devons seulement considérer comme nos ennemis, et leur faire bonne et franche guerre, les partisans de l'absolutisme et les membres du clergé qui sont en opposition ouverte ou secrète avec le gouvernement de Louis-Philippe Ier. Gardons-nous d'en chercher d'autres, et n'imitons pas ces partis qui se sont suicidés en se servant maladroitement du glaive à deux tranchans de l'épuration politique ; il demande à être manié d'une main sûre et forte.

Mais par quels moyens tenir en échec ces ennemis intérieurs, arrêter ou châtier les puissances étrangères, et payer tribut légitime aux besoins de la France ? Je n'ai pas la prétention d'être un homme d'état ; mais vous redresserez mes erreurs par votre habileté, et je puis du moins, en jeune patriote, vous exposer mes idées. Je diviserai donc les mesures qu'il faut prendre en mesures d'urgence et en mesures législatives.

Commençons par les premières. La création de plusieurs armées est une nécessité que chaque mi-

....nûte rend plus impérieuse.... Et le gouvernement l'a enfin compris !... La belle séance du 2 décembre assure existence et force au ministère, s'il marche toujours ainsi appuyé sur la nation.

Ressaisir le fonds commun de l'indemnité, réparer autant que possible un des plus grands dommages causés au pays, fortifier Paris et Lyon, organiser de puissantes armées, voici des mesures qui vont ranimer la circulation dans plusieurs branches de commerce, et passionner notre héroïque population ; mais ce n'est pas tout, il faut annihiler le parti carliste, et le convaincre d'impuissance.

J'ai parlé tout-à-l'heure de l'épée de l'épuration politique ; j'ai dit qu'il ne fallait pas la promener imprudemment dans les rangs des constitutionnels ; proscrire pour des nuances, décimer pour des paroles, sont des mesures révolutionnaires, et parfois d'affreuses nécessités dont nous sommes, Dieu merci, bien éloignés.

Mais devons-nous pousser la tolérance jusqu'à laisser les carlistes commander nos places de guerre ? Les préfets et les sous-préfets de la congrégation, les fonctionnaires de Charles X resteront-ils en position de nous trahir ? ses administrations seront-elles peuplées des fauteurs de l'ancien gouvernement ? Il est parmi les employés des hommes capables, et qui connaisent la gestion de toutes les affaires. Qu'un examen froid et sévère préside aux épurations devenues indispensables. Je ne suis aussi, pas plus que vous, mon cher collègue, de l'avis de M. Dupin sur la question de l'inamovibilité : il est à regretter qu'il y ait dépensé tant de paroles brillantes, et que sa dialectique entraînante ait subjugué la Chambre. La controverse est épuisée : disons seulement qu'un renversement de dynastie nécessite le règne des idées qui ont vaincu ; que chercher à maintenir des principes contradictoires à la révolution, c'est perpétuer le combat, et que c'est bien à tort qu'on a nié l'influence directe ou indirecte des magistrats sur l'opinion publique dans bien des cours royales.

Le ministère s'est enfin placé dans le mouvement : espérons qu'il travaillera puissamment à l'œuvre qui nous rendra la première nation du monde, et qu'il n'aura plus peur de quelques exigences légitimes. Il en est de peu réfléchies, je le sais ; mais le vrai, le seul moyen de les détruire, c'est d'appuyer celles qui sont fondées en raison.

Une loi d'élection, dont les bases seront posées dans le peuple, où la garantie sera mise dans les électeurs, où l'éligibilité sera universelle, de droit commun, et comme une récompense nationale ; une indemnité de 5,000 francs à accorder aux députés ; une loi municipale où l'élection des magistrats par les citoyens sera sagement combinée avec la sanction royale, voilà les besoins les plus pressans de la France. Le jour où les ministres et les députés y satisferont, mais ce jour-là seulement, ils seront nationaux.

En attendant qu'on puisse mettre à exécution l'idée de faire payer les divers cultes par les religionnaires, je voudrais qu'on pensât à nous donner une loi sur le clergé. Sans inquiéter les consciences, en leur proposant un serment qui serait pourtant légitimement exigible, sans troubler leur système de dévouement exclusif à Dieu, on pourrait régulariser le clergé, régler ses attributions, augmenter le traitement des prêtres de campagne, des desservans, des curés, en diminuant les pensions des chanoines, sinécuristes, religieux, des évêques et des hauts dignitaires de l'Église. Chez les humbles membres du clergé inférieur, on trouve des vertus, des opinions constitutionnelles et amies de l'ordre, on les chercherait en vain dans les palais de vos prélats conspirateurs. Le gouvernement prouverait ainsi à la nation, qu'il veut protéger la religion et lui laisser sa force d'extension, toutes les fois qu'elle n'usurpera pas des fonctions civiles. Il faut y songer.

La Chambre des députés doit aujourd'hui se faire pardonner ses pusillanimités, ses fautes; il est temps que le patriotisme qui court les rues entre chez elle et la ranime demi-morte et glacée sur ses bancs; il est temps qu'elle croie à la révolution de juillet, et qu'elle ne se refuse plus aux justes conséquences de notre victoire populaire. Ne craignons point une troisième restauration. La France cesserait d'être, avant d'en subir l'opprobre et les réactions. Nous avons assisté aux funérailles de la dynastie des Bourbons dont le cortége a traversé la Normandie à pas lents; elle est enterrée à Holyrood, qu'elle y vive dans sa mort politique.

Louis-Philippe Ier est l'élu du peuple, et la France n'apprendra pas sans une civique émotion que la main royale a écrit la partie du rapport de M. Lafitte, qui a excité un si vif enthousiasme à la Chambre des députés, le 2 décembre. Le roi a dit qu'il marcherait à notre tête; c'est à nous de défendre notre liberté et le choix que nous avons fait, sa légitimité est sortie de la souveraineté du peuple : non seulement il est roi-citoyen, il est encore roi-principe.

Vienne l'ennemi! chaque ville, chaque village sera une forteresse barricadée; les haies, les angles des rues seront des remparts, et les pavés des boulets : il ne marchera plus qu'entouré d'un cercle mobile d'hommes, de fer et de feu, qui, terrible et se resserrant à chaque pas, finira par l'étreindre et l'étouffer.

Mais je ne m'aperçois pas que cette lettre s'allonge sous ma plume, bien qu'elle soit fort incomplète et qu'elle ne me paraisse à moi-même qu'une manifestation consciencieuse d'opinions, un prospectus de questions à approfondir. Si toutefois, mon cher collègue, vous pensez que le patriotisme qu'elle respire lui soit une recommandation, une excuse, je mettrai le public dans notre confidence. Qu'en pensez-vous?

Votre tout dévoué et affectionné,

G. DROUINEAU.

Paris, le 3 décembre 1830.

IMPRIMERIE DE A. BARBIER, RUE DES MARAIS S.-G., N. 17.